Allemand
Spécial déclinaisons

Allemand

SPÉCIAL DÉCLINAISONS

Tout ce que vous devez savoir !

La fin du mystère…

Francine Rouby

ellipses

Du même auteur chez le même éditeur

- Verbstelle. Tout sur la place du verbe en allemand, 2014, 96 p.
- Europe : histoires – nations – identités, 2013, 560 p.
- Stopp! Pour enfin maîtriser les 80 pièges classiques de l'allemand, niveau 2, coll. « Bloc notes », 2012, 176 p.
- Vocabulaire contemporain allemand. Les grands thèmes, 2011, 160 p.
- Einfach und Klar ! Grammaire allemande en 50 fiches pour savoir et revoir, 2009, 176 p.
- Dire le monde 1 et 2. Vocabulaire thématique français-allemand contemporain, Nouvelle édition actualisée, 2008, 288 p.
- Starten ! Communiquer efficacement en allemand, niveau 2, coll. « bloc notes », 2007, 144 p.
- 15 minutes d'allemand par jour pour réviser, 2007, 192 p.
- Luftblase. Reprendre son allemand en s'amusant, 2006, 192 p.
- Wie sagt man... ? Comment dit-on... ? Vocabulaire thématique illustré français-allemand/allemand-français, 2005, 112 p.
- Wörter lycée. Vocabulaire allemand, 2005, 240 p.
- 1001 expressions pour tout dire en allemand, 2004, 176 p.
- Les sept péchés de l'allemand, 2004, 96 p.
- L'allemand en, un clin d'œil, 2003, 120 p.
- Les mots du XXIe siècle. Lexique français-allemand/allemand-français, (Sciences. Techniques. Société), 2002, 240 p.
- Vox allemand. Le vocabulaire incontournable des examens et concours, 2000, 176 p.
- *Der, die, das. L'essentiel de la grammaire allemande. Exercices et solutions*, 1998, 128 p.
  (en collaboration avec Jean-Pierre Demarche)
- *La version au Bac allemand*, 1995, 128 p.
- *Construire sa phrase. Précis de syntaxe allemande*, 1994, 144 p.

ISBN 9782340-004917

32, rue Bargue 75740 Paris cedex 15

www.editions-ellipses.fr

Introduction

Une question de bon sens

Les déclinaisons ont un sens. Elles permettent de placer avec une grande souplesse les mots ou groupes de mots à des positions diverses afin d'en appuyer l'importance. Ainsi, nous pouvons avoir un COI (complément d'objet indirect) ou un COD (complément d'objet direct) en première position et le sujet bien plus loin. C'est certes possible en français également, mais c'est moins fréquent et souvent bien plus lourd.

Les cas sont bien évidemment liés aux genres. Ne pas connaître l'article, c'est ne pas pouvoir décliner. Il y a pourtant bien quelques repères afin d'éviter bon nombre de questionnements à ce sujet. Néanmoins, prenez l'habitude de mémoriser au mieux le genre et son pluriel avec chaque nouveau mot que vous rencontrez.

Par ailleurs, il n'est pas toujours aisé de reconnaître la fonction d'un mot. Si le sujet et l'objet ne posent pas de problème, le choix des datifs et génitifs sont beaucoup moins évidents. Beaucoup de personnes disent ne pas savoir à quel moment employer ces deux cas, d'autant moins qu'au lycée on propose de faire l'impasse sur le génitif.

Le but de cet ouvrage est de comprendre comment marche le système, afin de faire le moins de fautes possibles. Les explications sont proposées par petites touches, accompagnées de conseils, de petits « trucs » et d'exercices corrigés.

Abréviations et termes grammaticaux employés

Les déclinaisons sont toujours présentées dans l'ordre suivant :

m. : masculin
f. : féminin
n. : neutre
sg. : singulier
pl. : pluriel

N : nominatif
A : accusatif
D : datif
G : génitif

Déterminants : les mots précédant les substantifs : articles, démonstratifs, possessifs etc.
Substantif : nom commun

Partie I.
Le genre des noms

1. Le genre naturel
2. Les masculins
3. Les féminins
4. Les neutres

Exercices

Ces précisions ne sont aucunement exhaustives. Mais elles ont vocation à limiter sérieusement certaines hésitations.

1. Le genre naturel

- **Les hommes sont masculins, les femmes féminines ... les Allemands sont faits comme nous !**
  der Mann (l'homme), der Vater (le père), der Sohn (le fils), der Bruder (le frère), der Onkel (l'oncle), der Ingenieur (l'ingénieur), der Lehrer (le professeur)
  Mais :
  die Frau (la femme), die Mutter (la mère), die Tochter (la fille), die Schwester (la sœur), die Tante (la tante), die Ingenieurin (la femme ingénieur), die Lehrerin (la femme professeur)
- **Il en est de même pour les animaux :**
  der Hahn (le coq), die Henne (la poule) / der Löwe (le lion), die Löwin (la lionne)

2. Les masculins

a. *Quelques règles sémantiques*

Il y a une certaine tendance à masculiniser le monde.

- **les mois, les saisons, les jours :**
  der Januar (le mois de janvier), der Frühling (le printemps), der Montag (le lundi), der Morgen (le matin)
  sauf : die Nacht (la nuit)
- **les points cardinaux :**
  der Norden (le Nord), der Süden (le Sud), der Osten (l'Est), der Westen (l'Ouest)
- **les montagnes :**
  der Harz, der Vesuv
- **les précipitations et autres manifestations météorologiques :**
  der Schnee (la neige), der Regen (la pluie), der Wind (le vent)
  sauf : das Gewitter (l'orage), das Eis (la glace)

- **les pays du Proche et Moyen Orient :**
  der Libanon, der Iran, der Irak ...
- **les marques de voitures et de trains :**
  der ICE, der Mercedes, der Peugeot

b. Quelques règles morphologiques

Les suffixes peuvent également indiquer un genre masculin.
Les plus courants sont :

el : der Spiegel (le miroir)
er : der Fernseher (le téléviseur)
en : der Boden (le sol)
ent : der Akzent (l'accent)
ch : der Besuch (la visite)
ich : der Teppich (le tapis)
ig : der Honig (le miel)
ling : der Zwilling (le jumeau)
us : der Bus (le bus)
ismus : der Faschismus (le fascisme)

3. Les féminins

a. Quelques règles sémantiques

- **bon nombre de fleuves :** *die Donau (le Danube)*
  sauf : *der Rhein, der Main, der Neckar*
- **de fleurs :** *die Rose, die Nelke (l'oeillet)*
- **d'arbres :** *die Linde (le tilleul), die Buche (le hêtre)*
  sauf le lilas et l'érable : *der Flieder – der Ahorn*
- **de fruits :** *die Birne (la poire), die Banane, die Zitrone...*
  sauf : *der Apfel (la pomme)*
- **les avions :** *die Concorde*
- **les bateaux :** *die Norway, die France*
- **les chiffres :** *die Drei, die Null*

b. Quelques règles morphologiques

- **les bisyllabes en –e :** *die Liebe (l'amour), die Lampe, die Straße (la rue), die Schlange (le serpent)*
- **les mots français en –age :** *die Reportage*

- **les mots formés sur un radical de verbe en –t :** *die Schlacht (la bataille), die Fahrt (le trajet), die Last (la charge, le poids)*
- **les suffixes en :**

ei : *die Partei (le parti)*
heit : *die Schönheit (la beauté)*
keit : *die Eitelkeit (la vanité)*
ung : *die Packung (l'emballage)*
tät : *die Pubertät*
ur : *die Temperatur*
ik : *die Musik*
schaft : *die Botschaft (le message)*
anz : *die Eleganz*
enz : *die Tendenz*

4. Les neutres

a. Quelques règles sémantiques

- **les petits d'animaux :** *das Küken (le poussin)*
- **les collectifs :** *das Gemüse (les légumes), das Gebirge (la chaîne de montagnes), das Obst (les fruits)*
- **les couleurs :** *das Gelb (le jaune)*
- **les lettres de l'alphabet :** *das C*
- **les unités de mesure, les quantités :** *das Kilogramm, das Pfund (la livre), das Dutzend (la douzaine)*
- **les métaux :** *das Eisen (le fer), das Gold (l'or)*
- **les substances chimiques :** *das Gas, das Chlor*
- **les langues :** *das Deutsch, das Englisch*
- **les continents, les villes et les pays en règle générale**

Mais on n'utilise l'article que lorsque ce nom est accompagné :

das wiedervereinte Deutschland (l'Allemagne réunifiée), das Frankreich der 20er Jahre (la France des années 20), das schöne Barcelona (la belle ville de Barcelone)

b. Quelques règles morphologiques

- **Les diminutifs en –chen ou –lein sont neutres :**
  das Kätzchen (le chaton), das Hündlein (le chiot), das Mädchen (la fillette)

> *Das Mädchen est un cas un peu à part. Le mot signifie petite fille, mais également jeune fille. C'est le seul substantif qui autorise le pronom personnel es ou sie.*

- **les suffixes en :**
  tum : *das Altertum (l'Antiquité)*
    sauf : *der Reichtum (la richesse)*
  werk : *das Handwerk (le métier manuel)*
  zeug : *das Spielzeug (le jouet)*
  icht : *das Gesicht (le visage)*
  sel : *das Rätsel (la devinette)*
  sal : *das Schicksal (le destin)*
- **tous les verbes substantivés :**
  das Tanzen, das Schlafen, das Essen
- **tous les adjectifs substantivés, c'est-à-dire les adjectifs qui sont devenus des substantifs :**
  das Gute, das Schöne...
- **les singuliers collectifs :**
  das Obst (*les fruits*)
- **beaucoup de noms d'emprunt :**
  das Lokal, das Exemplar, das Niveau, das Büro, das Gelee, das Dekolleté, das Dokument, das Archiv, das Thema, das Gymnasium, das Museum

Exercices

Attention, l'article en français est rarement le même en allemand.

1. Que signifie ...

das Gebirge ....

das Geflügel ....

das Getreide ....

das Gepäck ....

das Gemüse ....

das Gelächter ....

das Geschrei ....

2. Complétez par l'article défini qui convient :

.... Wecker (le réveil)

.... Boing

.... Marxismus

.... Bilanz (le bilan)

.... Konditorei (la pâtisserie)

.... Mehrheit (la majorité)

.... Gebäck (les petits gâteaux)

.... Ewigkeit (l'éternité)

.... Feuerzeug (le briquet)

.... Zeitung (le journal)

.... Gedicht (la poésie)

.... Existenz (l'existence)

.... Schlager (le tube à la mode)

.... Liter (le litre)

.... Feuerwerk (le feu d'artifice)

.... Silber (le métal argent)

.... Getränk (la boisson)

.... Ärztin (la femme médecin)

.... Häschen (le petit lapin)

.... Schule (l'école)

.... Wichtigste (le plus important)

.... Regen (la pluie)

.... Eigentum (la propriété)

.... Arbeitslosigkeit

.... Übung (l'exercice)

.... April (avril)

.... Tulpe (la tulipe)

.... Astronaut

.... Spannung (la tension)

.... Essen

.... Orange

.... Aktivismus (l'activisme)

.... Bewegung (le mouvement)

.... Schmetterling (le papillon)

.... Gramm (le gramme)

.... Lehrling (l'apprenti)

.... Mistral

.... Püree

.... Gesellschaft (la société)

.... Eiche (le chêne)

.... Melone (le melon)

.... Rhythmus (le rythme)

.... Ankunft (l'arrivée)

.... Lamm (l'agneau)

.... Grün le vert)

3. **Séparez les masculins et les neutres.**

Theater (le théâtre), Kino (le cinéma), Garten (le jardin), Computer (l'ordinateur), Dorf (le village), Saal (la salle), Klavier (le piano), Wetter (le temps), Laden (la boutique), Sommer (l'été), Bett (le lit), Frieden (la paix), Glück (le bonheur), Buch (le livre), Nachbar (le voisin), Hafen (le port), Gegenteil (le contraire), Gefängnis (la prison), Schlaf (le sommeil), Reichtum (la richesse)

Noms masculins	Noms neutres

4. Certains mots très courants ont un genre différent en français. Trouvez l'aticle défini qui convient.

le monde :
.... *Welt*

le soleil :
.... *Sonne*

la lune :
.... *Mond*

l'air :
.... *Luft*

l'eau :
.... *Wasser*

la pierre :
.... *Stein*

l'image :
.... *Bild*

la lumière :
.... *Licht*

le temps :
.... *Zeit*

le travail :
.... *Arbeit*

la vie :
.... *Leben*

la mort :
.... *Tod*

la fin :
.... *Ende*

la valeur :
.... *Wert*

la différence :
.... *Unterschied*

le débat :
.... *Debatte*

le choix :
.... *Wahl*

la dispute :
.... *Streit*

le danger :
.... *Gefahr*

la loi :
.... *Gesetz*

la guerre :
.... *Krieg*

la paix :
.... *Frieden*

la volonté :
.... *Wille*

la pensée :
.... *Gedanke*

la conclusion :
.... *Schluss*

la raison :
.... *Grund*

le groupe :
.... *Gruppe*

l'épisode :
.... *Episode*

le milieu :
.... *Mitte*

la place :
.... *Platz*

la faute :
.... *Fehler*

la grève :
.... *Streik*

la lettre :
.... *Brief*

l'influence :
.... *Einfluss*

l'impression :
.... *Eindruck*

l'art :
.... *Kunst*

la feuille :
.... *Blatt*

la maison :
.... *Haus*

la pièce :
.... *Zimmer*

la fenêtre :
.... *Fenster*

l'armoire :
.... *Schrank*

la chaise :
.... *Stuhl*

la table :
.... *Tisch*

la jambe :
.... *Bein*

l'oreille :
.... *Ohr*

le nez :
.... *Nase*

la tête :
.... *Kopf*

la dent :
.... *Zahn*

la bouche :
.... *Mund*

la douleur :
.... *Schmerz*

le lait :
.... *Milch*

le beurre :
.... *Butter*

la fête :
.... *Fest*

le CD :
.... *CD*

5. **Faites des mots composés – ayant un sens – précédés de l'article qui convient.**

Dans les mots composés, c'est le dernier substantif qui donne le ton !

der Tisch+die Lampe= die Tischlampe

die Suppe + das Gemüse = ...

das Wasser + die Flasche = ...

der Wein + das Glas = ...

das Problem + das Viertel = ...

das Theater + die Karte = ...

der Ersatz + das Teil = ...

der Kaffe + die Milch = ...

der Plan + die Stadt = ...

der Hörer + das Telefon = ...

das Obst + die Ernte = ...

der Anbau + das Getreide = ...

das Getreide + der/das Silo = ...

Partie II.
Étude des cas

A. Le nominatif

B. Le datif

C. L'accusatif

D. Le génitif

E. Quelques points supplémentaires

F. Les pronoms

G. Testons nos connaissances

H. Tableaux récapitulatifs

A. Le nominatif

1. Emploi

Ce cas ne pose en général aucun problème. C'est la fonction sujet et attribut. (Pour l'attribut, voir p. 23).

Rappelons-nous que le sujet au nominatif est soit en première position ou plus loin dans la phrase. La seule place immuable dans la phrase allemande est celle du verbe.

Exemple : Das Wetter war heute nicht schön.
Schön war das Wetter heute nicht.
Il n'a pas fait beau aujourd'hui.

2. Morphologie

a. Au singulier

Article défini et substantif	Article indéfini et substantif
Der Lehrer ist nicht da.	**Ein** Mann steht am Fenster.
Die Sekretärin ist in Urlaub.	**Eine** Frau hat geklingelt.
Das Fahrrad ist veschwunden.	**Ein** Kind hat geschrien.

Groupe article défini, substantif et adjectif	Groupe article indéfini, substantif et adjectif
Der sympathisch**e** Lehrer ist nicht da.	**Ein** alt**er** Mann steht am Fenster.
Die nett**e** Sekretärin ist in Urlaub.	**Eine** blond**e** Frau hat geklingelt.
Das gelb**e** Fahrrad ist veschwunden.	**Ein** klein**es** Kind hat geschrien.

Notons

On peut avoir autant d'adjectifs que l'on veut devant un nom, ils portent tous le même cas.

Exemple : *Das alt***e**, *gelb***e**, *verrostet***e** *Fahrrad ist verschwunden.*
↳ *Le vieux vélo jaune et rouillé a disparu.*

Partie II

Exercices

6. Liez en veillant au sens les substantifs avec quelques adjectifs au nominatif, avec l'article défini puis indéfini.

frisch...(frais) •	• **Braten (m.)** •	• lecker ...(délicieux)
roh...(cru) •	• **Ei (n.)** •	• goldgelb... (jaune or)
gekocht....(cuit) •	• **Wurst (f.)** •	• saftig... (juteux)
knackig... (croquant) •		

7. Complétez par des articles au nominatif.

.... Tourist will ins Museum.

.... Arzt kommt heute noch vorbei.

In unserem Garten steht .... Apfelbaum.

Auf der Bank saβ .... Hund.

.... Glas war voll.

8. Essayez de repousser le sujet au nominatif plus loin dans la phrase.

Der sympathische Lehrer ist nicht da. ....

Die nette Sekretärin ist in Urlaub. ....

Das gelbe Fahrrad ist veschwunden. ....

Ein alter Mann steht am Fenster. ....

Eine blonde Frau hat geklingelt. ....

Ein kleines Kind hat geschrien. ....

b. Au pluriel

Il est impératif d'apprendre le pluriel des substantifs en même temps que son genre.
Comme en français, il y a le pluriel défini (les oiseaux) et le pluriel indéfini (des oiseaux).

Avec l'article défini *die*	**Sans article (***des en français)*
Die alt**en** Männer stehen am Fenster.	Alt**e** Männer stehen am Fenster.
Die blond**en** Frauen haben geklingelt.	Blond**e** Frauen haben geklingelt.
Die gelb**en** Fahrräder sind verschwunden.	Gelb**e** Fahrräder sind verschwunden.

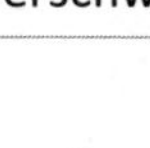

Notons tout simplement

Quand il n'y a pas d'article ou de déterminant devant l'adjectif, c'est à ce dernier de marquer le cas.

Ainsi	Mais
d**er** alte Mann	alt**er** Mann
die blaue Bluse	blaue Bluse
da**s** frische Wasser	frische**s** Wasser
die neuen Schuhe	neue Schuhe

Donc, quand le déterminant porte les marques fortes **(–r ou –s)**, l'adjectif fait un minimum **(–e).**

Quand il n'y a pas de déterminant pour porter les marques fortes, c'est à l'adjectif de le faire !

Exercices

9. Supprimez l'article défini et corrigez les terminaisons des adjectifs.

Die bunten Westen sind schön. ....

Das trinkbare Wasser wird knapp. ....

Die hohen Stiefel sind Mode. ....

Der gute Wein ist teurer geworden. ....

Das alte Brot wird weggeworfen. ....

Die guten Studenten bekommen eine Subvention...........................

Partie II

10. Féminins singuliers ou pluriels ? Séparez-les !

die Rolle, die Blumen, die Marmelade, die Krankheit, die Bewegungen, die Menschen, die Nahrung, die Zeitungen, die Sehnsucht, die Kirchen, die Angst, die Himmel, die Aufgaben, die Haut, die Hände, die Wagen, die Gesellschaft, die Städte, die Banane, die Vase.

Féminins singuliers	Noms pluriels

11. Attention aux singuliers et aux pluriels !

Die neu .... Schüler sollen zum Direktor.

Die neu .... Schülerin ist schüchtern.

Die toll .... Sammlungen gehören meinem Vater.

Das toll .... Fahrrad gehört mir.

Alt .... Möbel sind mein Leidenschaft.

Ein alt .... Schrank steht in meinem Schlafzimmer.

Dieser saur .... Apfel schmeckt mir.

Saur .... Äpfel sind super!

Grün .... Gemüse ist gesund.

Grün .... Kleider stehen mir.

3. L'attribut

- **Le nominatif est également le cas employé pour la fonction attribut, c'est à dire le groupe qui suit les verbes d'état (sein, bleiben ...)**
  Er ist **ein** Student. *C'est un étudiant.*
  Er bleibt d**er** beste Student. *Il reste le meilleur étudiant.*

  E r = Student – c'est la même personne, donc c'est le même cas.
- **Les adjectifs attributs ne se déclinent pas !**
  Du bist krank. *Tu es malade.*
  Mein Bruder ist stark. *Mon frère est fort.*

Exercices

12. Traduisez.

Le manteau *(der Mantel)* est moderne. ....

Cette robe *(das Kleid)* est belle. ....

Tes enfants sont encore petits. ....

Elle est blonde. ....

Les joues *(die Wangen)* sont rouges. ....

Les filles sont très minces *(schlank).* ....

13. Complétez les groupes articles/adjectifs au nominatif.

Ist das .... blau .... Blume?

Bernd gehört .... alt........ Haus.

Ein .... treu .... Freund war er nicht.

Treu .... Freunde halten zusammen.

Mein.......... Nachbar wurde als ein .... streng...........
Richter betrachtet.

Das jung .... Mädchen war damals noch ein ....
klein .... Kind.

14. Accordez les groupes attribut entre parenthèses.

Zuerst schien sie (ein, ehrlich, Frau) ....

Er ist (mein, best, Freund) ....

(Ein, arm, Mensch) war er sein Leben lang....................................

Ich wusste, dass ich (ein, willkommen, Gast) war ....

15. Traduisez.

Ma mère arrive ....

C'est ton frère ? ....

Je resterai toujours la petite soeur ....

La maison est grande ....

Elle est restée une belle femme ....

B. Le datif

1. Morphologie

a. Au singulier

Article défini et substantif	Article indéfini et substantif
Er gibt d**em** Mann etwas.	Er gibt ein**em** Mann etwas.
Er gibt d**er** Frau etwas.	Er gibt ein**er** Frau etwas.
Er gibt d**em** Kind etwas.	Er gibt ein**em** Kind etwas.

Groupe article défini, substantif et adjectif	Groupe article indéfini, substantif et adjectif
Er gibt d**em** alt**en** Mann etwas.	Er gibt ein**em** alt**en** Mann etwas.
Er gibt d**er** alt**en** Frau etwas.	Er gibt ein**er** alt**en** Frau etwas.
Er gibt d**em** nett**en** Kind etwas.	Er gibt ein**em** nett**en** Kind etwas.

Il faut donc retenir deux marques pour les déterminants : **–m** pour les masculins et les neutres, **–r** pour les féminins.

Tous les adjectifs prennent un **–n**.

On ne peut jamais avoir deux fois une marque forte (**–m ou –r**) et sur le déterminant et sur l'adjectif.

b. Au pluriel

Les datifs pluriels exigent des **–n** partout, même sur les substantifs ! S'il y a un cas sur lequel on ne réfléchit plus, c'est bien celui-là.

Exemple : das Haus – die Häuser :

avec l'article défini

In d**en** neu**en**, schön**en**, modern**en** Häuser**n** spart man sehr viel Energiekosten.

Dans les nouvelles maisons, belles et modernes, on économise beaucoup sur les coûts énergétiques.

sans article

In neu**en,** schön**en**, modern**en** Häuser**n** spart man sehr viel Energiekosten.

Dans de nouvelles maisons, belles et modernes, on économise beaucoup sur les coûts énergétiques.

Exercices

16. Transformez les groupes de mots au datif, d'abord avec l'article défini, puis avec l'article indéfini.

Nominatif	Datif avec d–	Datif avec ein–
das rote Kleid		
der neue Lehrer		
das alte Haus		
die leckeren Äpfel		
das brave Mädchen		

Partie II

die lustige Tante		
das schlechte Wetter		
der gepflegte Garten		
der fleiβige Schüler		
die kleinen Kinder		

17. Complétez ces datifs singuliers en regardant le moins possible les tableaux ci-dessus.

Wir holen d......... Groβvater die Zeitung. Sie dankt d......... nett......... Lehrer. Gib d......... arm......... Frau etwas Geld. Ein......... krank......... Kind gibt man Medikamente. Ich gratuliere mein......... erfolgreich......... Freundin. Er zeigt d...... Kunden (m. sg.) die neuen Handys. In d......... riesig......... Haus (n.) fühle ich mich nicht wohl. Wir gehen in d......... Stadt (f) spazieren. In .... Wald (m.) war es sehr feucht.

2. Emploi

a. C'est la fonction complément d'objet indirect qui répond à la question à qui, à quoi.

Ainsi : *Donner à* va être traduit par geben + datif. Le datif fait son œuvre, inutile de rajouter *zu*.

b. Certains verbes exigent le datif.

- **les plus courants :**
  geben (donner), helfen (aider), folgen (suivre), sagen (dire à), antworten (répondre à), begegnen (rencontrer), danken (remercier)

- **un peu moins courants :**
  drohen (menacer), gehören (appartenir à), zuhören (écouter attentivement quelqu'un), gleichen (ressembler à), dienen (servir), gratulieren (féliciter), vertrauen (faire confiance à), misstrauen (se méfier de), sich nähern (s'approcher de), widersprechen (contredire)

Exercices

18. Complétez.

Ich gratuliere (mein Freund) .... für sein Diplom.

Wir vertrauen meistens (die Familie) ....

Ich helfe (die Studentin) .... beim Umzug.

Der Präsident gibt (die Ministerin) .... einen Termin.

Ich folge immer (der Ratschlag) meines Vaters ....

19. Traduisez.

J'ai rencontré (bin begegnet) des amis. ....

Il l'a dit au père. ....

Cela appartient à la voisine. ....

Il répond au fils. ....

Elle ressemble à la mère. ....

J'ai fait confiance à une amie. ....

c. Certaines prépositions exigent le datif : aus, bei, mit, nach, seit, von, zu

Exemples : Er ist sehr nett zu den Mitarbeitern (pluriel).

↳ *Il est très sympathique avec ses collaborateurs.*

Nach den kühlen Tagen (pluriel) schien wieder die Sonne.

↳ *Après les journées fraîches, le soleil se remit à briller.*

Ich bin seit dem letzten Sommer (der Sommer) arbeitslos.

↳ *Je suis au chômage depuis l'été dernier.*

La contraction entre la préposition et l'article défini est possible :

bei dem= beim	zu dem= zum
von dem= vom	zu der= zur

Exercice

20. Introduisez l'adjectif proposé au datif.

schnell	Mein Mann fährt gern mit .... Motorrädern.
rund	Mit der .... Brille siehst du ganz toll aus!
neu	Wir hätten zu der .... Maβnahme viel zu diskutieren.
interessant	Alle Mitarbeiter waren von den .... Projekten begeistert.
hübsch	Aus dem .... Hochzeitskleid kann man etwas anderes machen.

leise Bei .... Musik kann man besser denken.

kühl Von dem .... Bier wollen alle haben.

gut In .... Gesellschaft fühle ich mich wohl.

• • • • • • • •

d. Certains verbes à préposition exigent le datif :

arbeiten an (travailler à qch)
sich beteiligen an (participer à)
fehlen an (manquer de)
hindern an (empêcher de)
leiden an / unter (souffrir)
teilnehmen an (prendre part à)
zweifeln an (douter de)
ankommen in (arriver dans un endroit)
fliehen vor (fuir qn ou qch)
(sich) schützen vor (se protéger de)
schreien vor (crier de)
warnen vor (prévenir de)
zittern vor (trembler de)...

Exemples : Ich zweifle an seinem gesunden Verstand (der Verstand).
↳ *Je doute de son bon jugement.*
Er warnte uns vor einer groβen Gefahr (die Gefahr).
↳ *Il nous prévient d'un grand danger.*

Exercice

21. Complétez.

Wir arbeiten an ein .... schwer.......... Projekt. (n.)

Alle beteiligen sich an d.......... Arbeit. (f.)

Es fehlt uns nur an d.......... richtig.......... Material. (n.)

Ich habe sie vor d......... Gefahr (f.) gewarnt.

Man sollte sich vor d.......... Epidemie (f.) schützen.

Sie sind an d......... Bahnhof (m.) angekommen.

e. Certains adjectifs et substantifs exigent une préposition et le datif :

arm an (pauvre en)
interessiert an (intéressé à)
reich an (riche en)
krank vor (malade de)

Angst vor (peur de)
die Freude an (le plaisir pris à)
Schuld an (la responsabilité dans)...

f. Et bien sûr, tous les verbes, substantifs et adjectifs suivis des prépositions exigeant le datif.

Exemples : Er arbeitet mit einer neuen Sekretärin.
↳ *Il travaille avec une nouvelle secrétaire.*
Wir sprachen von den alten Zeiten.
↳ *On a parlé des temps anciens.*

Exercices

22. Complétez.

Schuld an – (die) .... Krise
(der) .... Konflikt

	(das) .... schlechte .... Gewissen	
Angst vor–	(die) .... Dunkelheit	
	(das) .... Resultat	
	(die) .... Krankheiten (pl.)	

Partie II

23. Transformez les éléments soulignés en pluriels. Ils sont tous en –n.

Er erzählt oft von dem Jahr im Ausland ....

Anna ist nicht mit der Freundin einig ....

Es riecht nach verbrannter Chemikalie ....

Es fehlt an warmer Kleidung ....

Sie beteiligt sich gern an dem lustigen Fest ....

• • • • • • • •

g. Les verbes de position sont accompagnés du datif : liegen, stehen, hängen, sitzen

Exemples : Er sitzt auf dem Stuhl. (der Stuhl)

↳ *Il est assis sur la chaise.*

Sie liegt in ihrem Bett. (das Bett)

↳ *Elle est couchée dans son lit.*

Sie steht in dem Saal. (der Saal)

↳ *Elle se tient dans la salle.*

Das Bild hängt an der Wand. (die Wand)

↳ *La photo est accrochée au mur.*

Pour leurs équivalents exprimant l'action de se coucher, de s'asseoir, de se mettre debout ou d'accrocher quelque chose au mur, voir le chapitre accusatif.

Attention : Même quand on bouge à l'intérieur d'un lieu, c'est l'endroit lui-même qui prévaut.

Ainsi : Je me promène en ville = j'y suis, je ne bouge pas de cet endroit.

→ Ich gehe in der Stadt spazieren.

Mais :

Je vais en ville = mouvement

→ Ich fahre in die Stadt. (voir le chapitre accusatif)

Exercice

24. Traduisez.

Je suis dans la forêt. (der Wald) ....

Je me promène en forêt. ....

Il est assis dans la voiture. (das Auto/der Wagen) ....

Il est couché par terre. (der Boden) ....

Elle habite en ville. (die Stadt) ....

La photo est au mur. (die Wand) ....

La position est toujours indiquée avec précision en allemand. Ainsi, nous disons en français :

Le courrier est sur le bureau.
Les verres sont sur la table.
Les manteaux sont dans l'armoire.
C'est dans la presse ce matin.

En allemand cela donne :

Die Post liegt auf dem Arbeitstisch.
Die Gläser stehen auf dem Tisch.
Die Mäntel hängen im Schrank.
Es steht in der Presse heute morgen.

Exercices

25. Complétez par le verbe qui convient.

Die Kirche .... mitten im Dorf.

Die Kinder .... schon im Bett.

Mein Auto .... in der Garage.

Die Bücher .... in der Bibliothek.

Die Wäsche .... im Garten.

Er .... in seinem Zimmer und arbeitet.

Der Hund .... brav im Auto und wartet.

Die Akten .... auf deinem Tisch.

Partie II

26. A l'aide de ces mots, faites des phrases.

Bücher (in der Bibliothek – auf dem Tisch)

....

die Hemden (auf der Kommode – an der Wäscheleine) *corde à linge*

....

alte Fotos (in einer Schachtel *boîte* – an der Wand)

....

das Geschirr (*la vaisselle*) (in der Küche – im Büffet)

....

27. Quel verbe utiliseriez-vous en allemand ?

Le vase est sur la table ....

Les chaussures sont dans l'armoire ....

Il y a une date sur la facture ? ....

Qu'est-ce qu'il y a dans le journal ce matin ? ....

Les vêtements sont sur ton lit ....

C. L'accusatif

1. Morphologie

a. Au singulier

Article défini et substantif	Article indéfini et substantif
Sie bekommt d**en** Job.	Sie bekommt ein**en** Job.
Sie bekommt d**ie** Banane.	Sie bekommt ein**e** Banane.
Sie bekommt d**as** Kleid.	Sie bekommt ein Kleid.

Groupe article défini, substantif et adjectif	Groupe article indéfini, substantif et adjectif
Sie bekommt d**en** interessant**en** Job.	Sie bekommt ein**en** neu**en** Job.
Sie bekommt d**ie** schön**e** Banane.	Sie bekommt ein**e** schön**e** Banane.
Sie bekommt d**as** rot**e** Kleid.	Sie bekommt ein rot**es** Kleid.

Quand l'article porte les marques fortes (**r – m – s**), l'adjectif est faible (marques e ou en)

On ne peut jamais avoir les marques fortes sur le substantif et sur l'adjectif.

Il en est de même quand il n'y a pas de déterminant : ich mag rot**en** Wein (m.), frisch**es** Wasser (n.), frisch**e** Milch (f.)

Exercices

28. Transformez les groupes de mots à l'accusatif.

Nominatif	Accusatif
das rote Kleid	
der neue Lehrer	
das alte Haus	
die leckere Torte	
das brave Mädchen	
die lustige Tante	
das schlechte Wetter	
der gepflegte Garten	
der fleißige Schüler	
der freundliche Verkäufer	

29. Complétez ces accusatifs singuliers en regardant le moins possible les tableaux ci-dessus.

Kauf grün.......... Salat (m.) und frisch......... Fisch (m.).

Ich möchte ein.......... Glas (n.) Wein.

Willst du d.......... französisch.......... Cognac (m.) oder lieber d..........

deutsch.......... Sekt (m.)?

Hol mir d.......... blau.......... Anzug (m.).

Ich mag italienisch.......... Oper (f.).

Wenn ich Durst habe, trinke ich gern ein kühl.......... Bier (n.).

b. Au pluriel

Deux terminaisons sont à retenir pour les accusatifs pluriels.

Exemple : das Haus – die Häuser

avec l'article défini die :

Er baut di**e** neu**en**, schön**en**, teur**en** Häuser.

Il construit les maisons neuves, belles et chères

sans article :

Er baut neu**e** , schön**e**, teur**e** Häuser.

Il construit des maisons neuves, belles et chères.

Exercices

30. Complétez.

Nominatif	**Accusatif**
die blaue Bluse	d.......... blau .... Bluse
der rote Mercedes	d.......... rot.......... Mercedes
das neue Hemd	d.......... neu.......... Hemd
die alten Häuser	d.......... alt.......... Häuser

31. Transformez les singuliers en pluriels avec l'article die, puis sans article.

Ich gehe gern in den groβen Park. (Parks)

....

Wir besichtigen heute ein altes Schloss. (Schlösser)

....

Die Stadt baut ein neues Krankenhaus. (Krankenhäuser)

....

Er läuft über die breite Straβe. (Straβen)

....

Du brauchst ein neues Wörterbuch. (Wörterbücher)

....

32. Introduisez les accusatifs.

der Schuh, die Schuhe → Ich brauche (neu–Schuh)

....

das Handy → Er hat (neu–Handy)

....

die Schokolade → Ich kaufe (lecker–Schokolade)

....

der Schinken → Hol (mager–Schinken) beim Metzger

....

die Kunst → Ich mag (modern–Kunst)

....

• • • • • • • •

2. Emploi

a. C'est la fonction complément d'objet direct qui répond à la question qui, quoi :

Exemples : Ich habe den Apfel gegessen.
↳ *J'ai mangé la pomme.*
Bringst du den Müll runter?
↳ *Tu descends la poubelle ?*
Sie sieht die Frau jeden Tag.
↳ *Elle voit la femme tous les jours.*
Ich höre das Kind schreien.
↳ *J'entends pleurer l'enfant.*

b. Certains verbes exigent l'accusatif :

fragen (poser une question à)
anrufen (téléphoner à)
brauchen (avoir besoin de)
es gibt (il y a)

c. Certains verbes à prépositions exigent l'accusatif :

denken an (penser à)
warten auf (attendre qn ou qch)
glauben an (croire à), antworten auf (répondre à)
zählen auf (compter sur)
sich gewöhnen an (s'habituer à)
verliebt in (être amoureux de)
erstaunt über (s'étonner de)

Attention !
Ich antworte dir (datif) **mais** ich antworte auf die Frage (accusatif)
Ich telefoniere dir (datif) **mais** ich rufe dich an (accusatif).

Exercice

33. Faites des phrases en introduisant les accusatifs.

Ich warte auf (der Briefträger)

....

Er antwortet auf (die Frage)

....

Ich brauche (ein schwarzer Anzug)

....

Wir gehen nie in (das Museum)

....

Bist du über (der seltsame Artikel) erstaunt?

....

Er ist in (das nette Mädchen) verliebt.

....

• • • • • • • •

d. Certains adjectifs et substantifs exigent une préposition et l'accusatif :

stolz auf (fier de)
eifersüchtig auf (jaloux de)
der Ärger über
(la colère contre)
die Freude an (le plaisir de)
erstaunt über (étonné de)
gewöhnt an (habitué à)

e. Certaines prépositions sont suivies de l'accusatif : durch, für, gegen, ohne, um, wider (à l'encontre de)

Ich bin durch das Examen gefallen.
↳ *J'ai raté l'examen.*

Sie kam ohne ihren Mann.
↳ *Elle est venue sans son mari.*

So etwas ist wider die Vereinbarung.
↳ *Une telle chose va à l'encontre de notre accord.*

f. Et bien sûr, tous les verbes, substantifs et adjectifs suivis des prépositions exigeant l'accusatif.

sich handeln um (s'agir de)
bitten um (prier de faire qch)
fürchten um (craindre pour)
kämpfen gegen/für (se battre contre/pour)
Angst haben um (avoir peur pour)...

Exercice

34. Faites des phrases à l'aide des éléments proposés.

eifersüchtig sein auf / die neue Freundin

....

kämpfen für / die Demokratie

....

kämpfen gegen / der Krieg

....

stolz sein auf / der tolle Erfolg

....

sich handeln um / das allgemeine Vertrauen

....

Partie II

g. Retenons certaines expressions courantes à l'accusatif.

Ich bin ihn los.
↳ *J'en suis débarrassé.*

Dieses Gemälde ist keinen Pfennig wert.
↳ *Ce tableau ne vaut pas un centime.*

Ich bin diese Situation satt / überdrüssig.
↳ *J'en ai assez de cette situation.*

h. Les adjectifs comportant une indication de mesure.

einen Meter breit (large d'un mètre)
eine Tonne schwer (qui pèse une tonne)
einen Monat alt (âgé d'un mois)

i. Les verbes de mouvement sont accompagnés de l'accusatif : legen, stellen, hängen, setzen

Exemples : Er setzt sich auf den Stuhl. (der Stuhl)
↳ *Il s'assied sur la chaise.*

Sie legt das Kind ins Bett. (das Bett)
↳ *Elle couche l'enfant dans le lit.*

Sie stellt den Tisch in den Saal. (der Saal)
↳ *Elle met la table dans la salle.*

Er hängt das Bild an die Wand. (die Wand)
↳ *Il accroche la photo au mur.*

L'action de faire quelque chose est souvent indiquée avec précision en allemand. Ainsi, nous disons en français :

Mets le courrier sur le bureau.

Pose les verres sur la table.

Elle met les chemises sur un cintre.

En allemand cela donne :

Leg die Post auf den Arbeitstisch.

Stell die Gläser auf den Tisch.

Sie hängt die Hemden auf einen Bügel *(der Bügel = le cintre).*

Exercice

35. Complétez.

Die Kinder dürfen manchmal in .... Theater (n.) gehen.

Ich fahre morgen in .... Stadt (f.).

Setzen Sie sich bitte auf .... Sofa (n.).

Möchtest du morgen mit mir in .... Supermarkt (m.) fahren?

Sie stellt .... Tüten (pl.) auf .... Boden (m.).

• • • • • • • •

j. Le temps s'exprime parfois à l'aide de l'accusatif :

- **les dates :**
  Berlin, den 11. März
- **certaines expressions indiquant la durée :**
  den ganzen Tag, wir bleiben eine Weile / eine Woche
- **indiquant une habitude :**
  jeden Abend, alle vierzehn Tage

Exercice

36. Comment diriez-vous .....

l'année dernière ....

toute la nuit ....

Paris, le 2 juillet ....

chaque matin ....

le mois prochain ....

chaque année ....

tous les jours ....

cette année ....

D. Le génitif

1. Morphologie

a. Au singulier

Article défini et substantif	Article indéfini et substantif
Das Auto d**es** Mann**es** ist alt. Das Kleid d**er** Dame war sehr schön. Das Fahrrad d**es** Kind**es** steht in der Garage.	Das Auto ein**es** Freund**es** wird verkauft. Die Katze ein**er** Freundin ist weg. Das Leben ein**es** Kind**es** ist kostbar.

Groupe article défini, substantif et adjectif	Groupe article indéfini, substantif et adjectif
Das Auto d**es** alt**en** Mann**es** wird verkauft. Das Kleid d**er** jung**en** Dame war schön. Das Fahrrad d**es** klein**en** Kind**es** ist neu.	Das Auto ein**es** alt**en** Freund**es** wird verkauft. Die Katze ein**er** gut**en** Freundin ist weg. Das Leben ein**es** klein**en** Kind**es** ist kostbar.

Attention aux masculins faibles ! voir p. 54

Exercices

37. Faites des génitifs.

das Geld (l'argent) ....

der Bäcker (le boulanger) ....

die Maschine ....

das Glas (le verre) ....

der Wagen (la voiture) ....

der Bus ....

der Kommunismus ....

der Fluss (le fleuve) ....

die Finsternis (l'obscurité) ....

das Abenteuer (l'aventure) ....

38. Complétez par des articles au génitif.

der Kuchen → Wo ist der Rest ....?

das Theaterstück → Wie lautet der Titel ....?

der Lehrer → Ich habe das Telefon .... gehört.

die Schule → Gib mir die Adresse ....

die Geschichte → Sie erzählt mir das Ende ....

On explique souvent que les génitifs sont remplacés par le datif. Pour ce qui est de la langue courante, celle de la rue, c'est exact. Mais il faut savoir les repérer dans un texte écrit ou un discours, car les gens quelque peu éduqués les emploient couramment. Le génitif est le témoin d'une langue noble, mais reste bien vivant.

Exercice

39. Repérez les datifs puis remplacez par des génitifs.

Die Farbe von der alten Jeans ist immer noch toll.

Ich habe den Preis von dem eleganten Kleid nicht gefunden.

Das Ende von dem spannenden Film war sehr lustig.

Die Adresse von dem kompetenten Arzt gebe ich dir morgen.

Der Geschmack von dem neuen Tee ist ganz seltsam.

Ich mag den Duft von dem modischen Parfum nicht.

Partie II

Quelques petites remarques

On intercale souvent un –e avant le –s des génitifs masculins et neutres par commodité, car c'est plus facile à prononcer. Inutile de se formaliser sur ce point, souvent on le fait sans bien s'en rendre compte. Les substantifs qui se terminent par s, ss, β, x, z par exemple.

des Arztes / des Glases / des Flusses ...

Les substantifs qui se terminent par –nis redoublent le –s

das Geheimnis → des Geheimnisses

Les substantifs qui se terminent par –mus, ne changent pas au génitif.

der Kapitalismus → des Kapitalismus

b. Au pluriel

- **Deux terminaisons sont à retenir pour les accusatifs pluriels**

Exemple : das Haus – die Häuser

avec l'article défini

Die Dächer der neuen, schönen, teuren Häuser

↳ *Les toits des nouvelles et belles maisons chères*

sans article

Die Dächer neu**er** , schön**er**, teur**er** Häuser

↳ *Les toits de nouvelles et belles maisons chères*

- Comme d'habitude, lorsque la marque forte **(–r)** est portée par l'article, l'adjectif est faible et porte la marque **–en.**
- Lorsqu'il n'y a pas d'article, c'est à l'adjectif de porter ces marques fortes.

Exercice

40. Transformez les génitifs singuliers en pluriels.

die Adresse des kompetenten Arztes (¨e)

....

die Pflege des jungen Patienten (–)

....

der Preis des bunten Blumenstraußes (¨e)

....

die Farbe des Ozeans (e)

....

die Fläche der Wohnung (en)

....

2. Emploi

a. Le génitif est le cas du complément du nom. Il indique la plupart du temps une idée de possession, de relation ou d'appartenance à un groupe.

Exemples : das Haus meiner Eltern (*la maison de mes parents)*
die Brille meines Freundes (*les lunettes de mon ami)*
der Lehrer des Kindes (*le professeur de l'enfant)*

Mais il peut être :

- *explicatif :*
  die Macht der Liebe *(le pouvoir de l'amour)*

- *partitif :*
  die Hälfte des Buches *(la moitié du livre)*
- *indiquer une caractéristique :*
  die Fläche des Zimmers *(la surface de la pièce)*
- *indiquer une qualité :*
  ein Mann der Vernunft *(un homme de raison)*

b. Certains verbes exigent le génitif :

bedürfen (avoir besoin de)
sich erfreuen (jouir de qch)
sich schämen (avoir honte)
beschuldigen (accuser)
gedenken (se souvenir de)
berauben (dérober qch)
sich erinnern (se souvenir de)

c. Certaines prépositions exigent le génitif :

während (pendant)
trotz (malgré)
statt (au lieu de)
wegen (à cause de)
mittels (au moyen de)
ungeachtet (en dépit de)
bezüglich (en ce qui concerne)
anstelle (à la place de)
aufgrund (en raison de)
infolge (suite à)
zugunsten (au profit de)
anlässlich (à l'occasion de)

toutes celles indiquant une topologie :
nördlich, südlich : au nord, au sud
östlich, westlich : à l'est, à l'ouest
diesseits, jenseits :de ce côté, de l'autre côté
oberhalb, unterhalb : au-dessus, en-dessous
auβerhalb, innerhalb : à l'extérieur, à l'intérieur
entlang : le long de
links, rechts : à gauche, à droite

Exemples : nördlich der Alpen *(au Nord des Alpes)* / auβerhalb des Hofes *(à l'extérieur de la cour)* / jenseits des Flusses *(de l'autre côté du fleuve)*

Exercices

41. Traduisez.

au Sud des Alpes (die Alpen) ....

la moitié (die Hälfte) du gâteau ....

la solution du problème ....

la lumière (das Licht) du jour ....

l'article du journal ....

le produit de l'année ....

de ce côté du fleuve (der Fluss) ....

le travail de l'ouvrier (der Handwerker)..

à l'intérieur de la salle (der Saal) ....

malgré le froid (die Kälte) ....

Während et wegen sont plutôt suivis du datif de nos jours. (NB. ils sont toujours suivi d'un pronom personnel au datif. (voir les pronoms personnels p. 56)

Exemples : – *Während des Festes / dem Fest (pendant la fête)*
– *Wegen des schlechten Wetters / dem schlechten Wetter (à cause du mauvais temps)*

d. Les indications de temps sont parfois au génitif :

eines Tages : un jour
des Morgens : le matin *(langue très soutenue)*

e. Certaines expressions contiennent un génitif :

- **Langue soutenue :**
  Er ging langsamen Schrittes. *(Il marchait d'un pas lent)*
  Er ist des ewigen Wartens müde. *(Il est las de cette attente éternelle)*
- **Langue très courante :**
  Um Gottes Willen! *(Dieu du ciel !)*
  Ich bin mir des Problems bewusst. *(Je suis conscient du problème)*
  Ich bin der Meinung / der Ansicht, dass ... *(Je suis d'avis que ...)*
  Es ist nicht der Mühe wert. *(Cela ne vaut pas la peine)*
  Sie ist guter Laune / schlechter Laune. *(Elle est de bonne / de mauvaise humeur)*

Exercices

42. Transformez les expressions à l'aide du génitif.

Datif	Génitif
an einem Morgen	
an einem Abend	
an einem Nachmittag	
wegen dem Wetter (n)	
wegen dem Onkel	
während dem Ausflug (m)	

E. Quelques points supplémentaires

1. Les masculins faibles

- **Il existe un petit groupe de noms masculins dont on dit qu'ils suivent la déclinaison faible. Cela veut dire que ces mots portent un –n partout sauf au nominatif singulier.**
- **En voici une liste succincte :**

der Mensch : *l'être humain*
der Junge : *le garçon*
der Journalist : *le journaliste*
der Herr : *le monsieur*
der Held : *le héros*
der Kollege : *le collègue*
der Demokrat : *le démocrate*
der Franzose : *le Français*
der Biologe : *le biologiste*
der Polizist : *le policier*
der Kunde : *le client*
der Neffe : *le neveu*
der Student : *l'étudiant*
der Soldat : *le soldat*
der Philosoph : *le philosophe*
der Jude : *le Juif*

2. La déclinaison mixte

- **Les mots suivants se comportent de la même manière mais prennent tout de même un –s au génitif**

der Friede : *la paix*
der Name : *le nom*
der Gedanke : *la pensée*
der Wille : *la volonté*
der Glaube : *la croyance, la foi*
das Herz : *le coeur*

Exemple :

D	dem Willen	G	des Willens
	dem Glauben		des Glaubens
	dem Herzen		des Herzens

3. Le génitif saxon

- **Pour le génitif des noms propres, on ajoute un –s au nom.**
  Petras Freund / Davids Schuhe / Pauls Bruder / Heines Werke / Herr Duponds Auto
- **Il peut se trouver à la fin :**
  Schillers gesammelte Werke ou die gesammelten Werke Schillers
  (les œuvres complètes de Schiller)

Lorque ce nom se termine par –x, s, z par exemple, on ajoute **–ens** pour plus de confort.

Marxens Werk ou Marx' Werk.

Fritzens Frau

Il est parfois plus courant dans ce cas d'utiliser von + datif :

das Werk von Marx, die Schwester von Max, die Frau von Fritz

Exercice

43. Repérez dans la liste suivante les masculins faibles.

der Kommunist, der Wein, der Geldautomat, der Bürger, der Bär, der Ingenieur, der Computer, der Gefährte, der Nachbar, der Baum, der Fernseher, der Tisch, der Prinz, der Riese, der Arbeiter, der Freund

Masculin normal	Masculin faible

F. Les pronoms

1. Les pronoms personnels et réfléchis

N	ich	du	er	sie	es	wir	ihr	sie	Sie
A	mich	dich	ihn	sie	es	uns	euch	sie	Sie
D	mir	dir	ihm	ihr	ihm	uns	euch	ihnen	Ihnen

Le génitif n'est présent que dans certaines expressions, dans les prières ou en littérature.

Le pronom réfléchi est toujours *sich* à la troisième personne que ce soit au singulier ou au pluriel.

Exemple :

A	*Er wäscht ihn / sie.*	*(Il le / la lave.)*
	Er wäscht sich.	*(Il se lave.)*
	Sie waschen sich.	*(Ils se lavent.)*
D	*Er lässt ihm / ihr Zeit.*	*(Il lui laisse du temps.)*
	Er lässt sich Zeit.	*(Il se laisse du temps.)*
	Sie lassen sich Zeit.	*(Ils se laissent du temps.)*

Exercices

wegen + datif

44. Traduisez.

À cause de toi ....

À cause de nous ....

À cause de vous ....

À cause d'eux ....

45. Remplacez les noms soulignés par des pronoms personnels.

Ich habe <u>einen Hund</u>. ....

Sie bekommt <u>ein Geschenk</u>. ....

Er folgt <u>dem Mädchen</u> in die Küche. ....

Es gefällt <u>den Leuten</u>. ....

Er bringt <u>mir und meinem Bruder</u> etwas mit. ....

Ich koche etwas <u>für dich und deinen</u> Bruder. ....

Er gratuliert <u>dem Jungen</u> für den Erfolg. ....

Wir haben <u>die Tasche</u>. ....

46. Déclinez.

Ich gebe (er) .... etwas Geld.

Wasch (du) .... die Hände.

Sie denken nur an (sich)................

Sie denkt nur an (ich)...................

Du hast (ich) .... sehr geholfen.

Du hast (sie) .... sehr geholfen.

47. Traduisez.

Je te vois.	....
Il lui (f.) donne la main.	....
Elle lui (m.) donne la main.	....
Je vous remercie (2e personne du pl.)	....
Je vous remercie (formule de politesse).	....
Cela m'appartient.	....
Il leur appartient.	....

2. Les pronoms possessifs

singulier
mein
dein
sein
ihr

pluriel
unser
euer
ihr
Ihr

Si vous avez compris les déclinaisons de l'article *ein*, vous savez décliner les possessifs singuliers.

Exercices

48. Complétez aux cas proposés.

Singulier	
ein ...../ dein ..... Bruder (A)	ein ...../ dein..... Tasche (A)
ein ...../ unser..... Mutter (D)	ein ...../ ihr..... Tante (G)
ein ...../ euer..... Sorge (N)	ein ...../ unser..... Onkel (D)
ein ...../ sein ..... Buch (N)	ein ...../ Ihr..... Schwester (G)
Pluriel	
dein ..... Brüder (A)	dein..... Taschen (A)
unser..... Müttern (D)	ihr..... Schuhe (G)
euer..... Sorgen (N)	unser..... Onkeln (D)
sein ..... Bücher (N)	Ihr..... Schwestern (G)

Les erreurs fréquentes

→ Si les pronoms possessifs vous font hésiter, remplacez-les dans votre tête par *ein*.
Vous ne diriez jamais *einer Vater,* alors pourquoi *meiner Vater* ? ? ?

→ Idem pour la déclinaison de l'adjectif qui suit : ein klein**er** Junge – mein klein**er** Junge.

→ Au pluriel, l'adjectif qui suit un possessif prend toujours –**en**.

→ Attention au français « son » : *sein* pour les masculins et les neutres, *ihr* pour les féminins.

→ Il y a deux « *ihr* »: avec une minuscule, il s'agit de la troisième personne au féminin, avec une majuscule il s'agit de la formule de politesse.

→ *Euer* perd le –e devant le –r lorsqu'il est décliné.

*Exemple : Eu**er** Vater hat telephoniert*
*Ich habe eu**ren** Vater gesehen.*

49. Complétez à l'aide de euer.

.... Mutter ist krank. .... Vater fährt zu ihr. Ich habe .... Sachen gewaschen. Bleibst du bei .... Vater? Ist das .... Bruder? Ich muss .... Schwester helfen. Ich habe .... Bruder begleitet. Sind .... Schulaufgaben gemacht?

Exercices

50. Complétez.

(Mein) .... Vater ist Arzt.

Ist (dein) .... Onkel Journalist?

(Unser) .... Mutter bleibt zu Hause.

Frau Müller, (ihr) ....

Kinder und (ihr) .... Mann fahren weg.

Herr Müller, wie heiβt (Ihr) .... Frau?

Wo ist (euer) .... Schwester?

Heiβt (dein) .... Hund Mops?

Wo arbeiten (euer) .... Eltern?

(Unser) .... Garten ist riesig!

Hat (sein) .... Bruder auch Grippe?

51. Complétez.

Mein .... Bruder gehört dieses Fahrrad.

Ist sie dein .... Schwester?

Eur .... Mutter hat angerufen.

Die Fortschritte unser .... Kindes sind gut.

Die Eltern mein .... Freundes sind nett.

Er hat mein .... CD.

Die Taschen Ihr .... Schüler sind im Flur.

Sie gibt ihr .... Mann die Hand.

Die Leute haben unser .... Artikel (pl.) gelesen.

Ich sehe sein .... Hund.

3. Les pronoms démonstratifs

- **Si vous avez compris les déclinaisons des articles *der, die, das*, vous savez décliner les démonstratifs *dieser* et *jener*.**

sg. der Politiker / dieser Politiker / jener Politiker
dem Politiker / diesem Politiker / jenem Politiker

pl. den Politikern / diesen Politikern / jenen Politikern

- ***Dieser* et *jener* sont souvent utilisés ensemble. Ils correspondent au français « celui-ci » et « celui-là ». Leur déclinaison est identique.**
- ***Jener* s'utilise rarement seul, on le trouve plutôt dans la langue littéraire.**

Exercices

52. Complétez.

Singulier	
N	**D**
Dies..... Kind ist sehr blass.	Das Rad gehört dies..... Kind.
Dies..... Mann ist verletzt.	Das Rad gehört dies..... Mann.
Dies ..... Frau hat vier Kinder.	Das Rad gehört dies..... Frau.

A	G
Siehst du dies.... Kind?	Das Rad dies..... Kindes ist rot.
Siehst du dies.... Mann?	Das Rad dies..... Mannes ist rot.
Siehst du dies..... Frau?	Das Rad dies..... Frau ist rot.

53. Complétez.

Pluriel	
N	A
Dies..... Kinder sind sehr blass.	Siehst du dies.... Kinder?
Dies..... Soldaten sind verletzt.	Siehst du dies..... Männer?
Dies ..... Frauen haben keine Kinder.	Siehst du dies..... Frauen?

D	G
Die Räder gehört dies..... Kindern.	Die Räder dies..... Kinder sind rot.
Die Räder gehört dies..... Männern.	Die Räder dies..... Männer ist rot.
Die Räder gehört dies..... Frauen.	Die Räder dies..... Frauen ist rot.

4. Les indéfinis

- **Certains petits mots désignent des personnes ou des objets de manière indéterminée, sans évoquer leur identité exacte.**
- **Ils évoquent**
  la totalité : alle (tous) **ou** la partie d'un tout : viele (beaucoup), einige, etliche (certains), wenige (peu), mehrere (plusieurs)...

- **Notons tout simplement :**

  Après *alle* l'adjectif est évidemment au pluriel et prend la terminaison –**en**.

  Après les autres mots, la déclinaison de l'adjectif est celle sans article.

Exemples : Alle krank**en** Bäume müssen gepflegt werden.

↳ *Tous les arbres malades doivent être soignés.*

Viele krank**e** Bäume mussten gepflegt werden.

↳ *Beaucoup d'arbres malades doivent être soignés.*

Exercice

54. Complétez.

Alle fleiβig.......... Studenten haben ihr Examen bestanden.

Viele unzufrieden.......... Bürger haben protestiert.

Ich habe mit viel.......... unzufrieden.......... Bürgern gesprochen. (attention mit+D !)

Mehrere klein.......... Kinder hatten Fieber.

Ich habe einige klein.......... Kinder nach Hause gebracht.

Wenige klein.......... Kinder waren gesund.

Für etliche konservativ .... Bürger war es schwer.

Nach einig.......... schwer.......... Stunden ging es wieder besser (attention nach+D !)

G. Testons nos connaissances

Repérons ce qui est du nominatif, du datif, du génitif ou de l'accusatif ! Dans ce texte français, indiquez les cas des mots soulignés.

55. Traduisons.

Mon père lui a donné de l'argent pour aller au cinéma.

....

Au cinéma nous avons vu le dernier film de Woody Allen.

....

La voiture de mon père est au garage.

....

J'adore les tableaux de Picasso.

....

Il a aidé sa petite sœur à écrire une lettre au Père Noël.

....

Je lui ai répondu que je n'avais pas le temps de faire le travail de Petra.

....

Dans le centre-ville la circulation est toujours dense.

....

Le père de ma femme aime se promener en forêt.

....

Partie II

56. Accordez aux cas demandés.

die Zeitung (D pl.)	die Nacht (D sg.)
mein Freund (D pl.)	deine Nase (D sg.)
sein Heft (A sg.)	das Gewitter (A sg.)
sein Hund (A sg.)	sein Vater (A sg.)
mein Buch (N pl.)	unser Bruder (G sg.)

57. Déclinez.

Gib (ich) doch (ein Kuss) zum Abschied.

....

Ich gebe (Sie) die Information.

....

Hol (er) (der neue Pullover) aus (der Schrank).

....

Wegen (du) habe ich (mein Termin) verpasst.

....

Trotz (der Regen) haben (wir) (ein toll) Spaziergang gemacht.

....

Geh schnell zu (der Bäcker) und hol (frisch Brötchen) und (eine Flasche) Milch.

....

Aus (dieser Grund) habe ich (der letzte Bus) nicht genommen.

....

Ohne (dieser Artikel) aus (die Presse) hätte ich es nicht gewusst.

....

Partie II

58. **De quel cas s'agit-il ?**

des jungen Kollegen

dem alten Beamten

dieses kleine Geschöpf

meinen sehr aktiven Eltern

des kleinen Jungen

meines armen Herzens

der alten Frau

unserem neuen Lehrer

jenes schönen Blumenstraußes

59. **Remplacez l'article défini souligné par l'article indéfini.**

Der Präsident hat die Rede gehalten.

Das Mädchen hilft dem Freund das tolle Essen zuzubereiten.

Das Dorf liegt an dem Meer.

Hol die Vase aus dem Schrank.

Nimm das Buch aus dem Regal.

Der Vater der Freundin ist Arzt.

60. Remplacez les éléments soulignés par des pronoms.

<u>Der Präsident</u> hat <u>die Rede</u> gehalten.

<u>Das Mädchen</u> hilft <u>dem Freund</u> das Essen zuzubereiten.

Hol <u>die Vase</u> aus dem Schrank.

Nimm <u>das Buch</u> aus dem Regal.

Der Vater holt <u>mich und die Kinder</u> ab.

61. Accusatif ou datif ?

Rappel :
- Le mouvement s'accompagne de l'accusatif, la position du datif.
- Le déplacement à l'intérieur d'un lieu est considéré comme une position.

Ich gehe in (die Stadt)............

Ich gehe in (der Wald) ....

Wir sind in (das Dorf) ....

Wir wohnen in (ein Dorf).............

Er sitzt auf (die Bank) ....

Sie haben sich an (der Tisch) ....gesetzt.

Sie geht gern in (der Wald) .... joggen.

Das Haus steht an (der Fluss).....

Mein Sohn ist in (der Kindergarten)...........

Mein Sohn geht in (der Kindergarten)...........

H. Tableaux récapitulatifs

- ***Déclinaison faible de l'adjectif***

Elle est utilisée en présence d'un article défini.

Cas	Masculin	Féminin	Neutre	Pluriel
nominatif	der jung**e** Mann	die jung**e** Frau	das jung**e** Kind	die jung**en** Leute
accusatif	den jung**en** Mann	die jung**e** Frau	das jung**e** Kind	die jung**en** Leute
datif	dem jung**en** Mann	der jung**en** Frau	dem jung**en** Kind	den jung**en** Leute**n**
génitif	des jung**en** Manne**s**	der jung**en** Frau	des jung**en** Kinde**s**	der jung**en** Leute

- ***Déclinaison mixte et forte de l'adjectif***

Elle est caractérisée par l'article *ein* ou pas d'article du tout. L'adjectif porte les marques fortes ***–r***, ***–s***, ***–m*** quand le déterminant ne le fait pas.

Mixte

Cas	Masculin	Féminin	Neutre	Pluriel
nominatif	ein jung**er** Mann	eine jung**e** Frau	ein jung**es** Kind	jung**e** Leute
accusatif	einen jung**en** Mann	eine jung**e** Frau	ein jung**es** Kind	jung**e** Leute
datif	einem jung**en** Mann	einer jung**en** Frau	einem jung**en** Kind	jung**en** Leute**n**
génitif	eines jung**en** Manne**s**	einer jung**en** Frau	eines jung**en** Kinde**s**	jung**er** Leute

Forte

Cas	Masculin	Féminin	Neutre	Pluriel
nominatif	jung**er** Mann	jung**e** Frau	jung**es** Kind	jung**e** Leute
accusatif	jung**en** Mann	jung**e** Frau	jung**es** Kind	jung**e** Leute
datif	jung**em** Mann	jung**er** Frau	jung**em** Kind	jung**en** Leute**n**
génitif	jung**en** Mann**es**	jung**er** Frau	jung**en** Kind**es**	jung**er** Leute

Corrigés

Corrigés

1. **Que signifie…**

das Gebirge : *la chaîne de montagnes* / das Geflügel : *les volailles* / das Getreide : *les céréales* / das Gepäck : *les bagages* / das Gemüse : *les légumes* / das Gelächter : les rires / das Geschrei : *les cris*

2. **Complétez par l'article défini qui convient :**

der Wecker / die Boing / der Marxismus / die Bilanz / die Konditorei / die Mehrheit / das Gebäck / die Ewigkeit / das Feuerzeug / die Zeitung / das Gedicht / die Existenz / der Schlager / das Liter (le litre) / das Feuerwerk / das Silber / das Getränk / die Ärztin / das Häschen / die Schule / das Wichtigste / der Regen / das Eigentum / die Arbeitslosigkeit / die Übung / der April / die Tulpe / der Astronaut / die Spannung / das Essen / die Orange / der Aktivismus / die Bewegung / der Schmetterling / das Gramm / der Lehrling / der Mistral / das Püree / die Gesellschaft / die Eiche / die Melone / der Rhythmus / die Ankunft / das Lamm / das Grün

3. **Séparez les masculins et les neutres.**

Noms masculins :
Garten / Computer / Saal / Laden / Sommer / Frieden / Nachbar / Hafen / Schlaf Reichtum

Noms neutres :
Theater / Kino / Dorf / Klavier / Wetter / Bett / Glück / Buch / Gegenteil / Gefängnis

4. **Certains mots très courants ont un genre différent en français. Trouvez l'aticle défini qui convient.**

le monde : die Welt / le soleil : die Sonne / la lune : der Mond / l'air : die Luft / l'eau : das Wasser / la pierre : der Stein / l'image : das Bild / la lumière : das Licht / le temps : die Zeit / le travail : die Arbeit / la vie : das Leben / la mort : der Tod / la fin : das Ende / la valeur : der Wert / la différence : der Unterschied / le débat : die Debatte / le choix : die Wahl / la dispute : der Streit / le danger : die Gefahr / la loi : das Gesetz / la guerre : der Krieg / la paix : der Frieden / la volonté : der Wille / la pensée : der Gedanke / la conclusion : der Schluss / la raison : der Grund / le groupe : die Gruppe / l'épisode : die

Episode / le milieu : die Mitte / la place : der Platz / la faute : der Fehler / la grève : der Streik / la lettre : der Brief / l'influence : der Einfluss / l'impression : der Eindruck / l'art : die Kunst / la feuille : das Blatt / la maison : das Haus / la pièce : das Zimmer / la fenêtre : das Fenster / l'armoire : der Schrank / la chaise : der Stuhl / la table : der Tisch / la jambe : das Bein / l'oreille : das Ohr / le nez : die Nase / la tête : der Kopf / la dent : der Zahn / la bouche : der Mund / la douleur : der Schmerz / le lait : die Milch / le beurre : die Butter / la fête : das Fest / le CD : die CD

Corrigés

5. Faites des mots composés – ayant un sens – précédés de l'article qui convient.

die Suppe + das Gemüse = die Gemüsesuppe (le potage de légumes)
das Wasser + die Flasche = die Wasserflasche (la bouteille d'eau)
der Wein + das Glas = das Weinglas (le verre à vin)
das Problem + das Viertel = das Problemviertel (le quartier difficile)
das Theater + die Karte = die Theaterkarte (le billet de théâtre)
der Ersatz + das Teil = das Ersatzteil (la pièce de rechange)
der Kaffe + die Milch = der Milchkaffee (le café au lait)
der Plan + die Stadt = der Stadtplan (le plan de ville)
der Hörer + das Telefon = der Telefonhörer (le combiné téléphonique)
das Obst + die Ernte = die Obsternte (la récolte de fruits)
der Anbau + das Getreide = der Getreideanbau (la culture de céréales)
das Getreide + der/das Silo = der ou das Getreidesilo (le silo de céréales)

6. Liez et accordez adjectifs et substantifs au nominatif avec sens.

das frische Ei – ein frisches Ei / das rohe Ei – ein rohes Ei / das gekochte Ei – ein gekochtes Ei / das goldgelbe Ei – ein goldgelbes Ei / der saftige Braten – ein saftiger Braten / der gekochte Braten – ein gekochter Braten / der leckere Braten – ein leckerer Braten / die leckere Wurst – eine leckere Wurst / die knackige Wurst – eine knackige Wurst / die frische Wurst – eine frische Wurst

7. Complétez par des articles au nominatif.

Der Tourist will ins Museum. / Der Arzt kommt heute noch vorbei. / In unserem Garten steht ein Apfelbaum. / Auf der Bank saß ein/der Hund. / Das Glas war voll.

8. **Essayez de repousser le sujet au nominatif plus loin dans la phrase et tentez de comprendre sur quoi on insiste dans ce cas.**

Der sympathische Lehrer ist nicht da. – Da ist der sympatische Lehrer nicht / Die nette Sekretärin ist in Urlaub. – In Urlaub ist die nette Sekretärin / Das gelbe Fahrrad ist veschwunden. – Verschwunden ist das gelbe Fahrrad / Ein alter Mann steht am Fenster. – Am Fenster steht ein alter Mann / Eine blonde Frau hat geklingelt. – Geklingelt hat eine blonde Frau / Ein kleines Kind hat geschrien. – Geschrien hat ein kleines Kind

9. **Supprimez l'article défini et corrigez les terminaisons des adjectifs.**

Die bunten Westen sind schön. – Bunte Westen sind schön. / Das trinkbare Wasser wird knapp. – Trinkbares Wasser wird knapp. / Die hohen Stiefel sind Mode. – Hohe Stiefel sind Mode. / Der gute Wein ist teurer geworden. – Guter Wein ist teurer geworden. / Das alte Brot wird weggeworfen. – Altes Brot wird weggeworfen. / Die guten Studenten bekommen eine Subvention. – Gute Studenten bekommen eine Subvention.

10. **Féminins singuliers ou pluriels ? Séparez-les !**

Féminins singuliers :
die Rolle / die Marmelade / die Krankheit / die Nahrung / die Sehnsucht / die Angst / die Haut / die Gesellschaft / die Banane / die Vase

Noms pluriels :
die Blumen / die Bewegungen / die Menschen / die Zeitungen / die Kirchen / die Himmel / die Aufgaben / die Hände / die Wagen / die Städte

11. **Attention aux singuliers et aux pluriels !**

Die neuen Schüler sollen zum Direktor. / Die neue Schülerin ist schüchtern. / Die tollen Sammlungen gehören meinem Vater. / Das tolle Fahrrad gehört mir. / Alte Möbel sind meine Leidenschaft. / Ein alter Schrank steht in meinem Schlafzimmer. / Dieser saure Apfel schmeckt mir. / Saure Äpfel sind super!

Grünes Gemüse ist gesund. / Grüne Kleider stehen mir.

12. Traduisez.

Le manteau est moderne. → Der Mantel ist modern. / Cette robe est belle. → Dieses Kleid ist schön. / Tes enfants sont encore petits. → Deine Kinder sind noch klein. / Elle est blonde. → Sie ist blond. / Les joues *(die Wangen)* sont rouges.→ Die Wangen sind rot. / Les filles sont très minces *(schlank).* → Die Mädchen sind sehr schlank.

13. Complétez les groupes articles/adjectifs au nominatif.

Ist das die / eine blaue Blume? / Bernd gehört ein altes / das alte Haus. / Ein treuer Freund war er nicht. / Treue Freunde halten zusammen. / Mein Nachbar wurde als ein strenger Richter betrachtet. / Das junge Mädchen war damals noch ein kleines Kind.

14. Accordez les groupes attribut entre parenthèses.

Zuerst schien sie eine ehrliche Frau. / Er ist mein bester Freund. / Ein armer Mensch war er sein Leben lang. / Ich wusste, dass ich ein willkommener Gast war.

15. Traduisez.

Ma mère arrive. → Meine Mutter kommt. / C'est ton frère ? → Ist es/er dein Bruder? / Je resterai toujours la petite sœur. → Ich werde immer die kleine Schwester bleiben. / La maison est grande. → Das Haus ist groß. / Elle est restée une belle femme. → Sie ist eine schöne Frau geblieben.

16. Transformez les groupes de mots au datif, d'abord avec l'article défini, puis avec l'article indéfini.

Nominatif	Datif avec d–	Datif avec ein–
das rote Kleid	dem roten Kleid	einem roten Kleid
der neue Lehrer	dem neuen Lehrer	einem neuen Lehrer
das alte Haus	dem alten Haus	einem alten Haus
die leckeren Äpfel	den leckeren Äpfeln	leckeren Äpfeln

das brave Mädchen	dem braven Mädchen	einem braven Mädchen
die lustige Tante	der lustigen Tante	einer lustigen Tante
das schlechte Wetter	dem schlechten Wetter	einem schlechten Wetter
der gepflegte Garten	dem gepflegten Garten	einem gepflegten Garten
der fleiβige Schüler	dem fleiβigen Schüler	einem fleiβigen Schüler
die kleinen Kinder	den kleinen Kindern	kleinen Kindern

17. Complétez ces datifs singuliers en regardant le moins possible les tableaux ci-dessus.

Wir holen dem Groβvater die Zeitung. Sie dankt dem netten Lehrer. Gib der armen Frau etwas Geld. Einem kranken Kind gibt man Medikamente. Ich gratuliere meiner erfolgreichen Freundin. Er zeigt dem Kunden die neuen Handys. In dem riesigen Haus fühle ich mich nicht wohl. Wir gehen in der Stadt spazieren. In dem Wald war es sehr feucht.

18. Complétez.

Ich gratuliere meinem Freund für sein Diplom. / Wir vertrauen meistens der Familie. / Ich helfe der Studentin beim Umzug. / Der Präsident gibt der Ministerin einen Termin. / Ich folge immer dem Ratschlag meines Vaters.

19. Traduisez.

J'ai rencontré des amis. → Ich bin Freunden begegnet. / Il l'a dit au père. → Er hat es dem Vater gesagt. / Cela appartient à la voisine. → Das gehört der Nachbarin. / Il répond au fils. → Er antwortet dem Sohn. / Elle ressemble à la mère. → Sie gleicht der Mutter. / J'ai fait confiance à une amie. → Ich habe einer Freundin vertraut.

20. Introduisez l'adjectif proposé au datif.

schnell	Mein Mann fährt gern mit schnellen Motorrädern.
rund	Mit der runden Brille siehst du ganz toll aus!
neu	Wir hätten zu der neuen Maβnahme viel zu diskutieren.
interessant	Alle Mitarbeiter waren von den interessanten Projekten begeistert.
hübsch	Aus dem hübschen Hochzeitskleid kann man etwas anderes machen.
leise	Bei leiser Musik kann man besser denken.
kühl	Von dem kühlen Bier wollen alle haben.
gut	In guter Gesellschaft fühle ich mich wohl.

21. Complétez.

Wir arbeiten an einem schweren Projekt. / Alle beteiligen sich an der Arbeit. / Es fehlt uns nur an dem richtigen Material. / Ich habe sie vor der Gefahr gewarnt. / Man sollte sich vor der Epidemie schützen. / Sie sind an dem Bahnhof angekommen.

22. Complétez.

Schuld an –	der Krise
	dem Konflikt
	dem schlechten Gewissen
Angst vor –	der Dunkelheit
	dem Resultat
	den Krankheiten

23. Transformez les éléments soulignés en pluriels. Ils sont tous en –n.

Er erzählt oft von den Jahren im Ausland. / Anna ist nicht mit den Freundinnen einig. / Es riecht nach verbrannten Chemikalien. / Es fehlt an warmen Kleidungen. / Sie beteiligt sich gern an den lustigen Festen.

24. Traduisez.

Je suis dans la forêt. → Ich bin in dem Wald. / Je me promène en forêt. → Ich gehe in dem Wald spazieren. / Il est assis dans la voiture. → Er sitzt in dem Wagen / Auto. / Il est couché par terre. → Er liegt auf dem Boden. / Elle habite en ville. → Sie wohnt in der Stadt. / La photo est au mur. → Da Foto hängt an der Wand.

25. Complétez par le verbe qui convient.

Die Kirche steht mitten im Dorf. / Die Kinder liegen schon im Bett. / Mein Auto steht in der Garage. / Die Bücher stehen in der Bibliothek. / Die Wäsche hängt im Garten. / Er sitzt in seinem Zimmer und arbeitet. / Der Hund sitzt brav im Auto und wartet. / Die Akten liegen auf deinem Tisch.

26. A l'aide de ces mots, faites des phrases.

Corrigés

Bücher (in der Bibliothek – auf dem Tisch) / Die Bücher stehen in der Bibliothek / liegen auf dem Tisch. / die Hemden (auf der Kommode – an der Wäscheleine) / Die Hemden liegen auf der Kommode / hängen an der Wäscheleine. / alte Fotos (in einer Schachtel – an der Wand) / Alte Fotos liegen in der Schachtel / hängen an der Wand. / das Geschirr (in der Küche – im Büffet) / das Geschirr steht in der Küche / steht im Büffet / auf dem Büffett.

27. Quel verbe utiliseriez-vous en allemand ?

Le vase est sur la table → Die Vase steht auf dem Tisch. / Les chaussures sont dans l'armoire → Die Schuhe stehen im Schrank. / Il y a une date sur la facture ? → Steht ein Datum auf der Rechnung? / Qu'est-ce qu'il y a dans le journal ce matin ? → Was steht in der Zeitung heute Morgen? / Les vêtements sont sur ton lit. → Die Kleider liegen auf deinem Bett.

28. Transformez les groupes de mots à l'accusatif.

Nominatif :

das rote Kleid / der neue Lehrer / das alte Haus / die leckere Torte / das brave Mädchen / die lustige Tante / das schlechte Wetter / der gepflegte Garten / der fleißige Schüler / der freundliche Verkäufer

Accusatif :

das rote Kleid / den neuen Lehrer / das alte Haus / die leckere Torte / das brave Mädchen / die lustige Tante / das schlechte Wetter / den gepflegten Garten / den fleißigen Schüler / den freundlichen Verkäufer

29. Complétez ces accusatifs singuliers en regardant le moins possible les tableaux ci-dessus.

Kauf grünen Salat und frischen Fisch. / Ich möchte ein Glas Wein. / Willst du den französischen Cognac oder lieber den deutschen Sekt? / Hol mir den blauen Anzug. / Ich mag italienische Oper. / Wenn ich Durst habe, trinke ich gern ein kühles Bier.

30. Complétez.

Nominatif :

die blaue Bluse / der rote Mercedes / das neue Hemd / die alten Häuser

Accusatif :

die blaue Bluse / den roten Mercedes / das neue Hemd / die alten Häuser

31. Transformez les singuliers en pluriels avec l'article die, puis sans article.

Ich gehe gern in die großen Parks – große Parks. / Wir besichtigen heute die alten Schlösser – alte Schlösser. / Die Stadt baut die neuen Krankenhäuser – neue Krankenhäuser. / Er läuft über die breiten Straßen – breite Straßen. / Du brauchst die neuen Wörterbücher – neue Wörterbücher.

32. Introduisez les accusatifs.

der Schuh, die Schuhe → Ich brauche neue Schuhe. / das Handy → Er hat ein neues Handy. / die Schokolade → Ich kaufe die leckere Schokolade. / der Schinken → Hol mageren Schinken beim Metzger. / die Kunst → Ich mag moderne Kunst.

33. Faites des phrases en introduisant les accusatifs.

Ich warte auf den Briefträger. / Er antwortet auf die Frage. / Ich brauche einen schwarzen Anzug. / Wir gehen nie in das Museum. / Bist du über den seltsamen Artikel erstaunt? / Er ist in das nette Mädchen verliebt.

34. Faites des phrases à l'aide des éléments proposés.

Sie ist eifersüchtig auf die neue Freundin. / Sie kämpfen für die Demokratie. / Wir kämpfen gegen den Krieg. / Ich bin stolz auf den tollen Erfolg. / Es handelt sich um das allgemeine Vertrauen.

35. Complétez.

Die Kinder dürfen manchmal in das / ins Theater gehen. / Ich fahre morgen in die Stadt. / Setzen Sie sich bitte auf das / aufs Sofa. / Möchtest du morgen mit mir in den Supermarkt fahren? / Sie stellt die Tüten auf den Boden.

36. Comment diriez-vous.....

l'année dernière : letztes Jahr / toute la nuit : die ganze Nacht / Paris, le 2 juillet : Paris, den 2. Juli / chaque matin : jeden Morgen / le mois prochain : nächsten Monat / chaque année : jedes Jahr / tous les jours : jeden Tag / cette année : dieses Jahr

37. Faites des génitifs.

das Geld — des Geldes / der Bäcker — des Bäckers / die Maschine — der Maschine / das Glas — des Glasses / der Wagen — des Wagens / der Bus — des Busses / der Kommunismus — des Kommunismus / der Fluss — des Flusses / die Finsternis — der Finsternis / das Abenteuer — des Abenteuers

38. Complétez par des articles au génitif.

der Kuchen → Wo ist der Rest des Kuchens? / das Theaterstück → Wie lautet der Titel des Theaterstücks? / der Nachbar → Ich habe das Telefon des Lehrers gehört. / die Schule → Gib mir die Adresse der Schule. / die Geschichte → Sie erzählt mir das Ende der Geschichte.

39. Repérez les datifs puis remplacez par des génitifs.

Die Farbe der alten Jeans ist immer noch toll. / Ich habe den Preis des eleganten Kleids nicht gefunden. / Das Ende des spannenden Films war sehr lustig. / Die Adresse des kompetenten Arztes gebe ich dir morgen. / Der Geschmack des neuen Tees ist ganz seltsam. / Ich mag den Duft des modischen Parfums nicht.

40. Transformez les génitifs singuliers en pluriels.

die Adresse der kompetenten Ärzte / die Pflege der jungen Patienten / der Preis der bunten Blumensträuße / die Farbe der Ozeane / die Fläche der Wohnungen

41. Traduisez.

au Sud des Alpes : südlich der Alpen / la moitié du gâteau : die Hälfte des Kuchens / la solution du problème : die Lösung des Problems / la lumière du jour : das Licht des Tages / l'article du journal : der Artikel der Zeitung / le produit de l'année : das Produkt des Jahres / de ce côté du fleuve : diesseits des Flusses / le travail de l'ouvrier : die Arbeit des Handwerkers / à l'intérieur de la salle : innerhalb des Saales / malgré le froid : trotz der Kälte

42. Transformez les expressions à l'aide du génitif.

datif :

an einem Morgen / an einem Abend / an einem Nachmittag / wegen dem Wetter (n) / wegen dem Onkel / während dem Ausflug (m)

génitif :

des Morgens / des Abends / des Nachmittags / wegen des Wetters / wegen des Onkels / während des Ausflugs

43. Repérez dans la liste suivante les masculins faibles.

der Kommunist, der Wein, der Geldautomat, der Bürger, der Bär, der Ingenieur, der Computer, der Gefährte, der Nachbar, der Baum, der Fernseher, der Tisch, der Prinz, der Riese, der Arbeiter, der Freund

Masculin normal :

der Wein / der Bürger / der Ingenieur / der Computer / der Baum / der Fernseher / der Tisch / der Arbeiter / der Freund

Masculin faible :

der Kommunist / der Geldautomat / der Bär / der Nachbar / der Prinz / der Gefährte / der Riese

44. Traduisez.

À cause de toi : wegen dir / À cause de nous : wegen uns / À cause de vous : wegen euch/Ihnen / À cause d'eux : wegen ihnen

Corrigés

45. Remplacez les noms soulignés par des pronoms personnels.

Ich habe einen Hund → Ich habe ihn / Sie bekommt ein Geschenk → Sie bekommt es / Er folgt dem Mädchen in die Küche → Er folgt ihm in die Küche / Es gefällt den Leuten → Es gefällt ihnen / Er bringt mir und meinem Bruder etwas mit → Er bringt uns etwas mit / Ich koche etwas für dich und deinen Bruder → Ich koche etwas für euch / Er gratuliert dem Jungen für den Erfolg → Er gratuliert ihm für den Erfolg / Wir haben die Tasche → Wir haben sie.

46. Déclinez.

Ich gebe ihm etwas Geld. / Wasch dir die Hände. / Sie denken nur an sich / Sie denkt nur an mich. / Du hast mir sehr geholfen. / Du hast ihr sehr geholfen.

47. Traduisez.

Je te vois : Ich sehe dich. / Il lui donne la main : Er gibt ihr die Hand. / Elle lui donne la main : Sie gibt ihm die Hand. / Je vous remercie : Ich danke euch. / Je vous remercie : Ich danke Ihnen. / Cela m'appartient : Das gehört mir. / Il leur appartient : Er gehört ihnen.

48. Complétez aux cas proposés.

Singulier :

einen – deinen Bruder (A) / einer – unserer Mutter (D) / eine – eure Sorge (N) / ein – sein Buch (N) / eine – deine Tasche (A) / einer – ihrer Tante (G) / einem – unserem Onkel (D) / einer – Ihrer Schwester (G)

Pluriel :

deine Brüder (A) / unseren Müttern (D) / eure Sorgen (N) / seine Bücher (N) / deine Taschen (A) / ihrer Schuhe (G) / unseren Onkeln (D) / Ihrer Schwestern (G)

49. Complétez à l'aide de –euer.

Eure Mutter ist krank. Euer Vater fährt zu ihr. Ich habe eure Sachen gewaschen. Bleibst du bei eurem Vater? Ist das euer Bruder? Ich muss eurer Schwester helfen. Ich habe euren Bruder begleitet. Sind eure Schulaufgaben gemacht?

50. Complétez.

Mein Vater ist Arzt. / Ist dein Onkel Journalist? / Unsere Mutter bleibt zu Hause. / Frau Müller, ihre Kinder und ihr Mann fahren weg. / Herr Müller, wie heiβt Ihre Frau? / Wo ist eure Schwester? / Heiβt dein Hund Mops? / Wo arbeiten eure Eltern? / Unser Garten ist riesig! / Hat sein Bruder auch Grippe?

51. Complétez.

Meinem Bruder gehört dieses Fahrrad. / Ist sie deine Schwester? / Eure Mutter hat angerufen. / Die Fortschritte unserer Kindes sind gut. / Die Eltern meines Freundes sind nett. / Er hat meine CD. / Die Taschen Ihrer Schüler sind im Flur. / Sie gibt ihrem Mann die Hand. / Die Leute haben unsere Artikel gelesen. / Ich sehe seinen Hund.

Corrigés

52. Complétez

Singulier

N	**D**
Dieses Kind ist sehr blass.	Das Rad gehört diesem Kind.
Dieser Mann ist verletzt.	Das Rad gehört diesem Mann.
Diese Frau hat vier Kinder.	Das Rad gehört dieser Frau.
A	**G**
Siehst du dieses Kind?	Das Rad dieses Kindes ist rot.
Siehst du diesen Mann?	Das Rad dieses Mannes ist rot.
Siehst du diese Frau?	Das Rad dieser Frau ist rot.

53. Complétez.

Pluriel

N	**D**
Diese Kinder sind sehr blass.	Das Rad gehört diesen Kindern.
Diese Soldaten sind verletzt.	Das Rad gehört diesen Männern.
Diese Frauen haben keine Kinder.	Das Rad gehört diesen Frauen.

A	G
Siehst du diese Kinder?	Das Rad dieser Kinder sind rot.
Siehst du diese Männer?	Das Rad dieser Männer ist rot.
Siehst du diese Frauen?	Das Rad dieser Frauen ist rot.

54. **Complétez.**

Alle fleiβigen Studenten haben ihr Examen bestanden. / Viele unzufriedene Bürger haben protestiert. / Ich habe mit vielen unzufriedenen Bürgern gesprochen. / Mehrere kleine Kinder hatten Fieber. / Ich habe einige kleine Kinder nach Hause gebracht. / Wenige kleine Kinder waren gesund. / Für etliche konservative Bürger war es schwer. / Nach einigen schweren Stunden ging es wieder besser.

55. **Traduisons.**

Mon père lui a donné de l'argent pour aller au cinéma : → Mein Vater hat ihm Geld gegeben, um ins Kino zu gehen. / Au cinéma nous avons vu le dernier film de Woody Allen : → Im Kino haben wir Woody Allens letzten Film gesehen. / La voiture de mon père est au garage : → Der Wagen meines Vaters steht in der Garage. / J'adore les tableaux de Picasso : → Ich liebe Picassos Bilder. / Il a aidé sa petite sœur à écrire une lettre au Père Noël : → Er hat seiner Schwester geholfen, dem Weihnachtsmann zu schreiben. / Je lui ai répondu que je n'avais pas le temps de faire le travail de Petra : → Ich habe ihm geantwortet, dass ich keine Zeit habe, Petras Arbeit zu machen. / Dans le centre-ville la circulation est toujours dense : → Im Stadtzentrum herrscht reger/starker Verkehr. / Le père de ma femme aime se promener en forêt : → Der Vater meiner Frau geht gern im Wald spazieren.

56. **Accordez aux cas demandés.**

die Zeitung (D. pl.) : den Zeitungen / mein Freund (D. pl.) : meinen Freunden / sein Heft (A. sg.) : sein Heft / sein Hund (A. sg.) : seinen Hund / mein Buch (N. pl.) : meine Bücher / die Nacht (D. sg.) : der Nacht / deine Nase (D. sg.) : deiner Nase / das Gewitter (A. sg.) : das Gewitter / sein Vater (A. sg.) : seinen Vater / unser Bruder (G. sg.) : unseres Bruders) /

57. Déclinez.

Gib mir doch einen Kuss zum Abschied. / Ich gebe Ihnen die Information. / Hol ihm den neuen Pullover aus dem Schrank. / Wegen dir habe ich meinen Termin verpasst. / Trotz des Regens haben wir einen tollen Spaziergang gemacht. / Geh schnell zu dem / zum Bäcker und hol frische Brötchen und eine Flasche Milch. / Aus diesem Grund habe ich den letzten Bus nicht genommen. / Ohne diesen Artikel aus der Presse hätte ich es nicht gewusst.

Corrigés

58. De quel cas s'agit-il ?

des jungen Kollegen : G / dem alten Beamten : D / dieses kleine Geschöpf : N ou A / meinen sehr aktiven Eltern : D / des kleinen Jungen : G / meines armen Herzens : G / der alten Frau : D ou G / unserem neuen Lehrer : D / jenes schönen Blumenstraußes : G

59. Remplacez l'article défini souligné par l'article indéfini.

Der Präsident hat eine Rede gehalten. / Das Mädchen hilft einem Freund ein tolles Essen zuzubereiten. / Das Dorf liegt an einem Meer. / Hol eine Vase aus dem Schrank. / Nimm ein Buch aus dem Regal. / Der Vater einer Freundin ist Arzt.

60. Remplacez les éléments soulignés par des pronoms.

Er hat sie gehalten. / Es / sie hilft ihm das Essen zuzubereiten. / Hol sie aus dem Schrank. / Nimm es aus dem Regal. / Der Vater holt uns ab.

61. Accusatif ou datif ?

Ich gehe in die Stadt. / Ich gehe in den Wald. / Wir sind in dem Dorf. / Wir wohnen in einem Dorf. / Er sitzt auf der Bank. / Sie haben sich an den Tisch gesetzt. / Sie geht gern in dem Wald joggen. / Das Haus steht an dem Fluss. / Mein Sohn ist in dem / im Kindergarten. / Mein Sohn geht in den Kindergarten.

Table des matières

Cet ouvrage a été achevé d'imprimer en avril 2015
dans les ateliers de Normandie Roto Impression s.a.s.
61250 Lonrai (Orne)
N° d'impression : 1501880
Dépôt légal : avril 2015

Imprimé en France